Wo ist die Maus?

Male die Maus an!

Suche 7 Unterschiede.

Findest du die 6 Enten?

Male die Enten bunt an!

Suche 7 Unterschiede.

Siehst du die 2 Hunde?

Male die Hunde an!

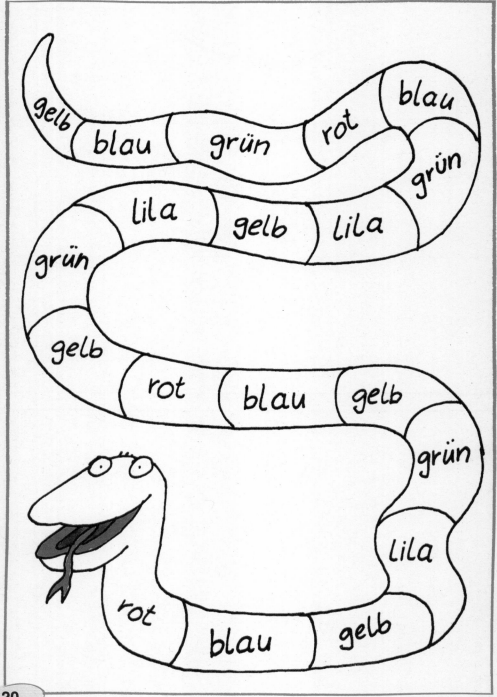

Wo sind die 3 Indianer?

Male sie an!

Male die Flügel blau, rot und gelb an.

Auf dem Bild sind 6 Fische
Siehst du sie?

Male die Fische an!

Male einen Piraten in den Korb!

Der Geist verstreut buntes Konfetti.
Er hat es aus einem Locher.
Klebe noch mal Konfetti dazu.

987 654 321